Inhalt

Lauter klappern - Ohne Marketing verliert das Handwerk seinen goldenen Boden

Kernthesen

Beitrag

Fallbeispiele

Weiterführende Literatur

Impressum

Lauter klappern - Ohne Marketing verliert das Handwerk seinen goldenen Boden

Harald Reil

Kernthesen

- Die Imagekampagne des Handwerks wirkt: Die Branche wird in der öffentlichen Meinung deutlich positiver wahrgenommen als früher.
- Dem Handwerk fehlt allerdings nach wie vor der Nachwuchs. Handwerksberufe gelten bei Jugendlichen als verstaubt und altmodisch.
- Das Handwerk kämpft gegen die Konkurrenz aus dem Internet und ärgert sich über ein neues Phänomen - den

Beratungsdiebstahl.

Beitrag

Handwerk erwacht aus dem Dornröschenschlaf

Das Handwerk hat nicht nur ein angestaubtes Image, sondern auch Nachwuchssorgen. Beide Probleme gehen Hand in Hand. In einer Medienwelt, die uns vorgaukelt, dass die Zukunft von smarten IT-Fachleuten, gut gekleideten Angestellten in High-Tech-Büros und cleveren Kopfarbeitern mit Smart Phones und Aktenköfferchen geprägt wird, gelten Handwerksberufe als bieder und altmodisch. Oder um im zeitgenössischen Jargon zu bleiben: Handwerker sind nicht gerade sexy. Kein Wunder, dass sich jugendliche Schulabgänger unter einer erfolgreichen Karriere gerne etwas anderes vorstellen, als sich die Hände schmutzig zu machen. Schuld an dem Überangebot an freien Lehrstellen ist daher nicht allein die demografische Entwicklung in Deutschland, die dem Handwerk den Nachwuchs entzieht, oder ungeeignete Bewerber. Handwerker scheinen Schwierigkeiten damit zu haben, sich ins rechte Licht zu rücken. Das gilt für die Branche insgesamt, aber auch für den einzelnen Betrieb. Zumindest war es bis vor kurzem so; denn dass das Handwerk seinen Dornröschenschlaf nicht ewig schlafen will, zeigt eine der eindrucksvollsten Imagekampagnen, die das deutsche Fernsehen während der letzten Jahre ausgestrahlt hat. (1), (2), (3)

Die Wirtschaftsmacht von nebenan

In dem Spot, den Kreative des Agenturnetzwerks Scholz & Friends entwickelt haben und der den Titel " Das Handwerk. Die Wirtschaftsmacht von nebenan" trägt, sieht sich der Zuschauer mit folgendem Szenario konfrontiert: Menschen einer Stadt erleben, wie diese im wahrsten Sinne des Wortes auseinanderfällt. Gebäude brechen ein, Straßen reißen auf, Gebrauchsgegenstände werden zu Staub. Am Ende finden sich die Menschen in der Steinzeit wieder. Da sie allerdings keine Handwerker sind, haben sie sogar die überlebensnotwendige Fähigkeit des Feuermachens verlernt. Eindrucksvoller hätte die Handwerkerbranche kaum demonstrieren können, wie sehr der moderne Mensch auf sie angewiesen ist. Entsprechend groß und positiv ist die Resonanz auf den Spot. Diesen Trend bestätigt auch forsa. Aufbauend auf einer Studie aus dem Jahr 2008 hat die Gesellschaft für Sozialforschung und statistische

Analyse herausgefunden, dass das Handwerk tatsächlich positiver wahrgenommen wird als früher. Nutzen hat das Handwerk aber auch aus der Finanz- und Wirtschaftskrise gezogen. Da die Banken versagt haben, sind den Bundesbürgern wieder bodenständige Werte wie beispielsweise Verlässlichkeit oder Ehrlichkeit wichtig. Diese assoziieren sie aber vor allem mit kleinen und mittelständischen Handwerksbetrieben. (2)

Handwerk hat die Herzen noch nicht erreicht

Will das Handwerk, dass die neue Wertschätzung, die es zurzeit erfährt, nicht wieder genauso schnell verschwindet, wie sie gekommen ist, muss es allerdings kontinuierlich an seinem Image arbeiten. Zulange scheint die Branche ihren Wahlspruch vergessen zu haben, dass sie nicht nur Wertarbeit auszeichnet, sondern dass Klappern genauso dazugehört. Mit ihrer Kampagne "Das Handwerk. Die Wirtschaftsmacht von nebenan" hat sie eine erste Duftmarke gesetzt. Wie steinig der Weg zu einem dauerhaften Imagewandel aber aller Voraussicht nach noch ist, stellt die forsa-Umfrage ebenfalls fest: Der Nachwuchs sei zwar nun besser über das Handwerk informiert; dennoch gelte die Branche noch immer als altmodisch; sie habe "die Herzen" der

Jugendlichen noch nicht erreicht. (3)

Konkurrenz aus dem Internet

Klappern gehört also unbedingt zum Handwerk. Was für die Branche im Großen gilt, sollte auch für den einzelnen Betrieb eine Selbstverständlichkeit sein. Vor allem im Internetzeitalter müssen sich Handwerker mit Konkurrenten auseinandersetzen, die potenziell rund um den Erdball verstreut sind und dieselben oder ähnliche Produkte oft günstiger anbieten als der Handwerker vor Ort. Eng damit zusammen hängt ein Phänomen, das sich kurz und bündig mit dem Begriff Beratungsdiebstahl umschreiben lässt: Kunden gehen zum Handwerker vor Ort und lassen sich ausführlich zu einem bestimmten Produkt beraten. Haben sie alle Informationen, die sie brauchen, kaufen sie die Ware im Netz. (4)

Trends

Mehrwert bewerben

Es ist bemerkenswert, dass der Trend des Beratungsdiebstahls Hand in Hand mit einem Gegentrend geht. Das zumindest ist das Ergebnis einer Studie des E-Commerce-Centers Handel an der Universität Köln. Sie hat herausgefunden, dass zwar ein Drittel der Online-Käufer sich vorher tatsächlich vor Ort über bestimmte Produkte informiert, gleichzeitig nimmt aber auch die Zahl derer zu, die sich zuerst im Internet schlau machen und dann im stationären Einzelhandel einkaufen. Das Fachblatt "Der Augenoptiker" zieht daraus für die Mitglieder seiner Branche den Schluss, dass ortsansässige Brillenfachleute einen dreifachen Mehrwert bieten, den sie allerdings entsprechend bewerben müssen: den offensichtlichen Vorteil der Haptik; das heißt, Käufer können eine Brille zuerst anprobieren, bevor sie diese kaufen; die Beratungskompetenz des Fachmanns; und schließlich die leichtere Möglichkeit des Kunden, Unterstützung bei Anpassungsschwierigkeiten oder Reklamationen zu erhalten. (4)

Fallbeispiele

Stahlverband streicht seine Leistungen heraus

Der Deutsche Stahlverband will seine Leistungen für Deutschland noch besser herausstreichen und hat dazu Scholz & Friends beauftragt. Die Agentur hat zu diesem Zweck einen PR-Mix konzipiert, der aus Printkampagnen, Events, Debatten und Studien besteht. (5)

Kommunikationstrainer bringt Handwerkern Eigenmarketing bei

Zu einem erfolgreichen Handwerker gehört auch erfolgreiches Selbstmarketing. Die Kreishandwerkerschaft im nordrhein-westfälischen Kreis Heinsberg hat daher nach seinem gut besuchten Vortrag im Vorjahr noch einmal den Kommunikationstrainer und Coach Jorge Klapproth engagiert. Der Referent stellte vor, wie auch kleine und mittlere Unternehmen mit begrenztem Budget wirkungsvolles Eigenmarketing betreiben können. Rund 70 Handwerker folgten den Ausführungen Klapproths. (6)

Bäckerinnung schafft Eintrag ins Guinness-Buch der Rekorde

Ungewöhnliche Ideen bringen Publicity. Das hat sich die Bäckerinnung Rhein-Mosel-Eifel gedacht und der Öffentlichkeit die größte Nussecke der Welt präsentiert. Der Lohn der bäckerischen Glanzleistung: ein Eintrag ins Guinness-Buch der Rekorde. Der SWR hat die Aktion, die einem guten Zweck diente, unter dem Titel "Herzenssache - Der große Abend" zur besten Sendezeit ausgestrahlt. (7)

Pluspunkte sammeln durch besseren Service

Ulrich Lippe von der Betriebsberatungsstelle Unterer Niederrhein der Handwerkskammer rät Handwerkern, mehr Marketing zu betreiben und ihren Service zu verbessern, da sie über den Preis allein kaum mehr Kunden überzeugen könnten. (8)

Comedian wirbt fürs Handwerk

Der Comedian Simon Gosejohann stellt seine Talente in den Dienst des Handwerks. In zehn Kurzfilmen von jeweils rund fünfminütiger Dauer will er Jugendlichen die Vorzüge einer handwerklichen Ausbildung schmackhaft machen. Zu diesem Zweck sucht Simon Betriebe auf, lernt dort den Arbeitsalltag kennen, spricht mit Lehrlingen über ihre Erfahrungen und interviewt auch Ausbildungsleiter. Produziert hat die Filmreihe Scholz & Friends. Sie ist Teil der Großkampagne "Das Handwerk. Die

Wirtschaftsmacht von nebenan". Zu sehen sind die Spots unter www.handwerk.de. (9)

Weiterführende Literatur

(1) GUTE MITARBEITER INS BOOT HOLEN
aus werkzeug und formenbau, Heft 3/2011, S. 6-8

(2) Eine zündende Kampagne
aus Berliner Morgenpost, 04.03.2011, Nr. 62, S. 4

(3) Imagekampagne wirkt
aus afz - allgemeine fleischer zeitung Nr. 29 vom 20.07.2011 Seite 001

(4) Kundenbegeisterung Beratungsdiebstahl? Nein danke!
aus Der Augenoptiker, Heft 8, 2011, S. 26

(5) Große Image-Kampagne für deutschen Stahl
aus Der Kontakter Nr. 12 vom 21.03.2011, S. 8

(6) Tipps für das Marketing
aus Aachener Nachrichten vom 22.07.2011, Seite 14

(7) Neuer Weltrekord fürs Guinness Buch
aus Allgemeine BäckerZeitung Nr. 01 vom 15.01.2011 Seite 028

(8) Lippe berät die Handwerker
aus Rheinische Post Nr. vom 20.07.2011

(9) Handwerk-Kampagne: Comedian Simon fühlt
Ausbildungsbetrieben auf den Zahn
aus horizont.net vom 22.02.2011

Impressum

Lauter klappern - Ohne Marketing verliert das Handwerk seinen goldenen Boden

Bibliografische Information der deutschen Nationalbibliothek

Die Deutsche Nationalbibliothek verzeichnet diese Publikation in der deutschen Nationalbibliografie; detaillierte bibliografische Daten sind im Internet über http://dnb.d-nb.de abrufbar.

ISBN: 978-3-7379-0789-7

© 2015 GBI-Genios Deutsche Wirtschaftsdatenbank GmbH, Freischützstraße 96, 81927 München, www.genios.de

Alle Rechte vorbehalten. Dieses Werk ist einschließlich aller seiner Teile – z.B. Texte, Tabellen und Grafiken - urheberrechtlich geschützt. Jede Verwertung außerhalb der Grenzen des Urheberrechtsgesetzes bedarf der vorherigen Zustimmung des Verlags. Dies gilt insbesondere auch für auszugsweise Nachdrucke, fotomechanische

Vervielfältigungen (Fotokopie/Mikroskopie), Übersetzungen, Auswertungen durch Datenbanken oder ähnliche Einrichtungen und die Einspeicherung und Verarbeitung in elektronischen Systemen.